AF581834

HISTOIRE MIRACVLEVSE ET ADMIRABLE DE LA COMtesse de Hornoc Flamande, qui a esté estranglée par le Diable dans la ville d'Anuers pour n'auoir trouué son rabat bien goderonné, le quinziesme Auril. 1616.

A LYON,

Par Guychard Pailly.

M. DCXVI.

Auec Permission.

HISTOIRE

MIRACVLEVSE ET ADMIRABLE DE LA COMtesse de Hornoc Flamande, qui a esté estranglée par le Diable dans la ville d'Anuers pour n'auoir trouué son rabat bien goderonné le quinziesme Decembre 1615.

LE Luxe a esté de tous tẽps si depraué par dedans les femmes principalement, qui semble qu'elles se soyẽt estudié le plus à se subjet qu'à autre chose quelle qu'elle soit. Ceste laxiue Egyptienne Cleopatre ne se contentoit de porter sur soy à plus d'vn million d'or vaillant, des plus belles perles que produise l'Orient. Mais en vn festin elle en faisoit dissoudre & manger à plus de vingt mil escus à ce pauure abusé de Marc Anthoine, à qui à la fin elle coustat & l'honneur & la vie.

Ie laisse vne infinité d'histoires qui seruiront à ce subjet, pour racompter ceste tres veritable modernement arriué à Anuers, ville renommée & principale de la Flandre.

La Comtesse de Hornoc, fille vnique de ceste Illustre maison, estoit demeurée riche de plus de deux cent mille escus de rente, mais elle estoit fort colerique, & lors qu'elle estoit en colere, elle iuroit & se donnoit au Dible, & outre ce elle estoit fort ambitieuse & sujette au Luxe, n'espargnant rien de ces moyens pour ce faire paroistre la plus pompeuse de la ville d'Anuers.

Au moys de Decembre dernier elle fut enuoyée en vn festin qui ce faisoit en l'vne des principales maisons d'Anuers, où pour paroistre des plus releuées, elle ne manquoit à ce subjet de ce faire faire des plus riches habits, & de plus belle façon qu'elle se pouuoit aduiser.

Entre autre des plus belle & deslie toille, dont la Flandre, sur toutes les Prouinces de l'Europe, & la mieux fournie pour ſe faire des rabats des mieux goderõné, à ces fins elle auoit mandé querir vne empeſeuſe de la ville pour luy en accommoder vne couple, & qui fuſſent bien empeſez, ceſte empeſeuſe y met toute ſon induſtrie, les luy apporte, mais aueugle du Luxe, elle ne les trouue point à ſa fantaſie, iurant & ſe donnant au Diable qu'elle ne les porteroit point.

Mande querir vne autre empeſeuſe, fit marché d'vne piſtole auec ſoy pour luy empeſer vn couple, à la charge de n'y rien eſpargner. Ceſte y faict ſon poſsible, les ayant accommodez au mieux qu'elle

qu'elle auoit peu, les apporte à ceste Comtesse, laquelle possedée du
malin esprit, ne les trouue point
à sa fantasie. Elle se met en colere, depitant, iurant, & maugreant,
disant qu'elle se donnoit au Diable corps & ame auant qu'elle por-
tasse des colets ou rabats de la
sorte, reiterans ces paroles par plusieurs & diuerses fois.

Le Diable, ennemy capital du
genre humain, qui est tousiours
aux escoutes pour pouuoir nous
surprendre s'apparut à ceste Comtesse en figure d'homme de haute
stature, habillé de noir ayant faict
vn tour par la salle s'accoste de la
Comtesse, luy disant, & quoy Ma-

dame, vous estes en colere, qu'est-ce que vous auez, y peux ie mettre remede, ie le feray pour vous, c'est vn grand cas dit la Comtesse, que ie ne puisse trouuer en ceste ville vne femme qui me puisse accommoder vn rabat bien gederonné à ma fantasie en voila que l'on me vient d'apporter, puis les iettant en terre, les foulant des pieds, dit ces mots, ie me donne au diable corps & ame, si iamais ie les porte.

Et ayant proferé ce detestable mot plusieurs fois, le diable sort vn rabat de dessous son manteau, luy disant : Madame, celuy-là vous agrees il point, ouy, dit elle, voila bien

bien comme ie les demande. Ie vous prie mettez le moy, & ie ſuis toute à vous de corps & d'ame, le diable le luy preſente au col, & le luy tordit, en ſorte qu'elle tomba morte à terre, au grand eſpouuantement de ces ſeruiteurs. Le Diable s'eſuanouyt faiſant vn ſi gros pet comme ſi l'on euſt tiré vn coup de canon, & rompit toutes les verrines de la ſalle.

Les parens de ladicte Conteſſe voulant cacher le faict, firent entendre qu'elle eſtoit morte d'vn catarre qui l'auoit eſtranglé, & firent faire vne biere, & firent preparer pour faire les obsecques à la grandeur, comme la qualité de telle Dame portoit, les cloches sonnent, les Prestres viennent, quatre veulent porter la biere, ils ne peuuent remuer la biere, ils s'y mettent six, autant que deuant, bref toutes les forces de tant qui sont ne peuuent remuer ceste biere, en sorte qu'ont esté contraint d'ateler des cheuaux, mais pour cela elle ne peut bouger, tellement que ce que l'on vouloit tenir caché fut descouuert toute la ville en est abreuée, le peuple y accourut de l'auis des Magistrats,

on

on ouure la biere, il ne se trouue rien qu'vn chat noir qui court & s'esuanouyt par dedans le peuple, voila la fin de ceste miserable Comtesse, qui à perdu & corps & ame par son trop de Luxe.

Cecy doibt seruir de miroir exemplaire à tant de poupines, qui ne desirent que de paroistre des mieux goderonné, mieux fardez, auec des faux cheueux, & dix mil fatras pour orner ce miserable corps, qui n'est à la fin que carcasse, pourriture, pasture des vers, & des plus vils animaux. Dieu leur doint la grace que ceste hiſtoire leur profite, & les conuie à amander leurs fautes. Ainſi ſoit il.

FIN.